JN410670

다시 찾은 새벽

다시 찾은 새벽

채 경 자 네 번째 시집

세종출판사

시인의 말

오랜 갈증에 단비이다.
이순이 지나 세월을 갈망하며
바람처럼 지나간 젊음이 아파서
온몸으로 애증을 태운다.

봄바람이 나뭇가지에 움을 틔우고
새싹이 돋는 온기가
살갗을 스치는 봄기운에
설렘으로 어지럼증을 앓는
아직도 분홍빛 봄을 누리는
이순의 여인
그 설렘으로 피우는 꽃
나의 꿈

임인년 볕이 따사로운 날
시인의 정원에서

목 차

제1부
말문이 터지다

제2부

책갈피 속의 유년은

제3부

장마가 지난 뒤 하늘은

제4부

은빛 파도

제1부

말문이 터지다

감정의 온도

찬바람 윙윙거리던 어느 겨울
몸이 빙점을 인식하는 날
손을 비비며 귀가하는 아들이
어미 주머니에 넣고 다니라며
핫팩을 손에 꼬옥 들려준다

뜨끈뜨끈하다
용광로 불길로도 올릴 수 없는
최첨단 기술도 높일 수는 없을 것
시간과 공간을 같이 하면서
아들이 데우는 마음 온도로
냉골이던 생이 따끈해진다

아들이 지피는 불꽃 없는 따뜻함은
엄마의 겨울을 뜨겁게 데운다
몇 도일까
가늠할 수 없는 마음 온도
생에 버팀목이다

옹이

그래
이것이 너 이게 한 흔적들이구나
이렇게 깊은 향을 품은
너의 아름다움이 된 아픔
세월의 흔적을 알려주는
딱딱한 껍질의 생명력에서

비가 오면 빗물을 담고
소담스럽게 내린 하얀 눈이
온기에 녹아 작은 호수가 생기면
그 안에 넓은 하늘을 담아
세찬 바람이 후비고 간 굳어진 아픔으로
푸르른 꿈을 그리는 것

이 길일까, 저 길일까
애써 찾던 생애 삶의 흔적은
가슴을 열어놓고 기쁨을 누리어도
웃음의 뒤안길에서
치유되지 않은 상처가 아린 것을
세월이 지나고서야 아는 것

아름답다고 하네
신비롭다고 하네
살을 도려내는 아픔이었을 것인데

파도 손님

이 바다에 와서 모두 버린다
도심 속에 묻혀 사는 여자
파도가 앉아있는 바위 의자에
바다 안에 큰 집을 지은
그녀가 앉아있다

가시 박힌 통증을 움켜쥐니
온몸으로 출렁거리는 바다 거기엔
창백한 넋이 부유물로 떠다닌다

물거품 속에서 표류하는 넋은
파도 소리 조근대는 바위에서
먼바다를 건너간 마음을
데리러 가는 길을 묻는다

경계를 두고 답답함으로 느끼는 바다에
한 짐 내려놓는 일상
마음속에 담겨지는 저 물결이
파도일 뿐 큰 집은 아닌 것
물마루에 걸린 해무를 안아본다

가벼워지는

붉은 옷 벗어 던지고
원시의 하와처럼 뛰어다니고 싶다
푸른 초원을

드렁칡처럼 얼크러진 하루
반나절이 흘러간 시간은
가슴 틔우는 푸르름을 조망하며

홀로 물들고 세상을 읽어가던
생의 반환점에서 허물어야 할 욕망
켜켜이 쌓인 먼지들로
삶을 위해 숨을 참던

혹한이었다 결코
삶이 무상으로 주어지지 않았던
막다른 곳에서 찾은 잊었던 꿈
헤쳐 나갈 이미를 준다

변화의 일부였을 과정은
갈등에서 비워진 오늘에야
겹겹이 입은 옷을 벗는
이젠 가벼워진 차림을 누린다

언어의 정원에서

눈부신 색으로 써지는 계절의 언어로
바람의 살들이 호숫가를 어루만질 때
은빛 햇살빛 잉어 떼가 유회遊回를 한다

빗물에 하루를 지우고
가슴으로 덮은 그리움이
저 호수로 추락하는 몸짓은
소멸해가는 아픔으로
그리도 오랜 침묵을 보았다

은빛은 그리움을 쓰고 있다
햇살빛은 삶을 지탱하는 힘
잉어 떼가 물결을 가르는 것은
마음 놓으라는 여유
이젠 시로 쓴다

계절을 이름 짓는 나뭇잎의 몸짓은
머릿속에 언어를 지어주고
눈을 낮추어 내려다보니 작은 야생화가
상상의 전답을 넓혀주는 내 정원에서
한 음절의 단어가 색다른 표현을 한다

비 그친 아침

비가 그친 아침이 소란스럽다
뭇새들이 내 정원에 들어와
떠들어대는 소리
게으른 새벽잠을 깨운다

무슨 할 말이 저리 많은지
오랜 장마로 만나지 못한 수다일까
강마을 어디쯤인가를 흘러가는
물빛을 물고 왔겠지

폭우로 떨어진 나뭇잎의 비명은
풍경을 가로질러 산 능선에 오르고
새푹한 공기는 구름의 무게를 가늠하는
아침, 비밀스런 위안을 느낀다

누렁이 소가 그립다

산등성이를 넘어가는 발길은
앞발과 뒷발이 자꾸만 엇갈린다
이별인 줄을 아는지

커다란 눈망울에 가득 고인 눈물이
흘러 내릴까봐 어루만지던 손은
등을 돌리더니

반백 년이 지나 폭우 속에서
절로 간 소들의 소식을 듣는다
참 기특도 하지

예전에 보내야 했던 누렁이 소는
고삐에 묶여 피할 수도 없는
아픈 이별을 해야 했는데

폭우 속에 지붕 위로 올라간 소
높은 산 위의 암자로 간 소들
생존을 위한 사투였다

산사 대웅전 앞마당에서 유유히
풀을 뜯고 있었다는 기별이
가슴을 쓸어내린다

고삐에 묶여 새벽길을 갔던 소는
이별을 아프게 추억하는 그때의
여린 동심을 기억할까

* 2020.08.08. 구례지역의 폭우에 홍수를 피해서 부처님 도량인 사성암으로 간 소 떼 소식을 보고 어린 시절 집에서 키우던 누렁이 소가 그리워서.

말문이 터지다

머릿속은 갈등을 한다
무엇을 결정해야 했던
가야 할 길을 찾는 눈빛은
선택이라는 시점에서 빛난다
그렇게 침묵의 언어를 짓는다
머릿속에 집을 짓고
가슴으로 빚어진 소리
그 기운에 맘껏 내달리던
깊은 생각으로 인지하는 과정은
날카로운 채찍이다
왜 오래도록 침묵했느냐고
아직도 늦지 않았다고
가슴소리를 하얀 종이에 남겨놓는
*전자새가 발걸음을 옮긴다

* 전자새 : 컴퓨터 키보드를 치는 손가락.
시인이 치는 독수리타법

가는 봄

머물렀을까
붉게 피우더니
떠날 채비도 없이 진다
아슬아슬한 속살을 덮던 연둣빛은
본디 성미가 급한걸

붉은 얼굴이 지천인 동산에서
시간의 흐름에 개의치 않는다고
지는 꽃잎에 묻어있는 아쉬움에
넌지시 던져놓고 쉽게 잊는다

뜨거움의 안쪽에 한발 들여놓고
지난 계절에 깊숙이 있는 근원
길섶에 무시로 드나드는 바람도
느낌이 다른 온도의 차이로
모습과 빛깔이 바뀌는데

귓불에 스치는 찰나의 순간
기억 속에 끼워 넣고
잠시 머문 봄볕에
짙게 물들이는 계절

첫눈이 온다네요

햇볕이 온도를 높이던 저녁나절에
봉숭아 꽃잎을 짓이겨 꽃물을 들이더니
손톱 끝에 남아 있는 볼그레한 수줍음
첫눈을 맞이하려 애를 태운다

절반의 세기를 지나 반기는 지금
반색하는 의미는 두지 않으리
논두렁길을 지나 발목을 적시던 눈길에
앞산 고갯마루 느티나무 아래로 달리던
그 소녀

어디에 있을까
정자나무 가지에 소담히 얹힌 눈
지금 그 소녀의 머리에 얹힌
눈 같은 흰 머리카락 몇 올은
이순耳順 지나 익어가는 생의 깊은 뜻

머릿결에 곱게 앉은 흰 눈은
꽃물 든 손톱의 귀한 기다림
첫눈이 온다네요

섬에 사는 사람

남쪽 바다 그 섬에는
썰물에 드러나는 바위마다
해초가 꽃을 피운다
거센 물살 맞으며 자란 것이
어디 해초뿐 일까

섬에서 나고 자란 사람들
갯바위에 붙어사는 요령을
몸으로 익혔을 것 그저
해초를 뜯고 조개를 딴다

물에 젖은 해초 그리고 육신은
오롯이 삶의 무게인 것
살아온 세월만큼 젊어지고 산다

썰물과 밀물 사이 세찬 물실은
짧은 시간과의 사투
그래도 망대에 가득한 수확물로
마음이 넉넉해진다는

겨울날 새벽 정거장

정거장의 새벽은
발걸음마저도 조심스럽다
뽀드득뽀드득 눈 밟는 소리
행여나 누군가 잠에서 깰까
내딛는 발걸음은 눈치를 살핀다
거기 그대로 서 있을 것만 같은데

신작로 모퉁이를 돌아서 가는
야속한 완행버스
기억하는구나 그 소녀를
지금은
흰 눈이 성글게 내린 머릿결을
자꾸만 쓸어 올린다

이젠 인생의 뒤안길을
서성이는 나이가 되어
까맣게 잊었던 너를 그리는 것은
무심코 뒤적이던
색바랜 사진첩 속에서 찾은
기억 때문이라고 핑계를 댄다

많은 눈물을 흘렸던 이유를
이제야 알게 되는 주름살의 깊이
삶은 거저 준 것이 아니었어

눈 내린 아침 그곳
동구 밖 은사시나무 아래를 가 볼까
가슴 속에 쌓이는 가벼운 몸짓은
삶의 연륜이었던 것을

공룡 발자국

언제쯤이었을까
지나갔을 방향은 개여울 쪽인데
넓은 반석 위에 찍어놓은 발자국은
오래전에 주인 잃은 흔적이다

발자국의 모양과 크기는
그 주인을 그려 이름을 짓고
나뭇잎이나 풀잎을 먹었다는
수억 년 전에 살았을 생명을
공룡이라고 기록하여 남긴다

고생대를 살았을 인류의 조상이
동물이었다는 기이한 생명체
생물학적인 연구분석 결과는
바위에 찍어놓은 흔적과 공생했을

자연의 능력이었을 것이다
몸집을 불리며 자유로웠던 생존은
도심에서는 볼 수 없는 그들의 흔적
몇억 년 전에도 알았을까
후세기에 숨 쉴 진화의 자취를

사람의 발길이 닿지 않았던 곳에서
그들의 흔적을 만난다
신비로운 바닷가에서
깊은 산속 맑은 계곡에서

바위에 남겨진 신비를 시야에 담는
21세기의 인류라는 생명체는
몇 개의 발자국으로 흔적을 남겨놓고
천문학적 세월 속으로 사라진
너를 그려본다 *대곡천에서

* 대곡천 : 울주군 언양읍 대곡리에 있는 계곡

주소 불명

길은 낯설어 울퉁불퉁한
도시의 뒤안길
명분이 있어 발길을 옮긴다
요도에 명시된 도로명 주소지
결정된 철거지점 보이지 않아
당혹함을 감내해야 하는 책임

요도 위에 남아 있는 번지
형체를 잃어버린 주소지
저장되어 있는 지번은
배달된 기억을 되돌린다
아직도
그 흔적을 더듬는 어리석음
주소 불명이다

요도 위에 명시된 주소는
분명 있었다는 확신인 것
다른 명분으로 드러나겠지
오늘은 발길을 돌려 나온다

* 철거지점에 주소지는 있으나 형체가 없어진 곳에서

다시 찾은 새벽

새벽안개 속에 깔리던
헝클어진 모습의
절망이었을 나를
희망으로 다림질했던 시간

가슴속에 깊어지며
고랑의 수를 늘리는 주름을
다시 펴리던 날들은
계절을 놓친 꽃망울을 피운다

흘러가며 쌓이는
세월의 일부일 뿐
오래 가지 않을 것을
마음속 옹이를 다듬어 내는

붉은 해를 흠모하던
마법 같은 시간들
아직은 미명이라고
이른 새벽이 꿈틀거린다

슈퍼마켓

물체의 움직임으로 문이 열린다
그 안의 세상은 각자 특성이 있는
쓰임새가 다른 얼굴들이 맞이한다

새로운 도시와의 만남도
슈퍼마켓에서 알게 되는
지키는 이 없어도 곳곳을
감지하는 인공지능 렌즈가
다양한 성향으로 탐색한다

단조로운 일상에 슈퍼마켓에 간다
특정 제품의 원산지를 알 수 있고
눈에 익숙한 것과 처음 보는 것
낯선 것이 공존하는 곳
이미 아는 맛과 처음 맛보는 것이
숨겨진 감각을 깨워주는 곳

그곳에서는 모두가 평등하다
외래어를 알지 못해도
눈으로 보는 그림 손끝에서 느끼는 것

모양이 다른 색색깔의 공산품류
계절을 알 수 없는 채소 과일들
헛헛한 마음을 채워주는
슈퍼마켓에 간다

새싹보리

갓난아기의 배냇짓 같은
어린 호흡을 하는 너에게서
기억 속에 묻힌 강인함을 본다

새파란 청춘을 담은 뜨거움이
서릿발을 밀어 올리던 첫봄이
무수히 흘러간 시간 뒤에
이로운 성분을 담고 싹을 틔워
많은 얘기를 하는

아직은 미명인데 잠에서 깨어나
너를 볼 수 있어 기쁨이고
설렘의 희망인 처음
잎새에 맺힌 이슬이 신비로워
눈을 뗄 수 없는데

귀한 역할을 하는 푸르름은
생명의 통로를 열어주는
강인한 성분의 효능이라고

작괘천에서

작괘천 휘돌아 흐르는 물줄기
너럭바위에 향기를 품고
긴 세월 애써 아껴둔 옛 시문들
흠모하는 풍류 한 자락에
반짝이는 *가인의 눈빛은
작괘천 맑은 물에 꽃을 피운다
세상의 소용돌이에 들끓는 머릿속
시문 새겨진 넓은 바위에 앉아
옛시인 묵객의 도포 자락을 흠모하니
야트막한 물웅덩이 술잔이라더니
세인들의 푸념도 가득 담아
*작괘천 휘돌아 흐른다

* 가인 : 시인 자신을 표현함.
* 작괘천 : 경남 울주군 언양 신불산 아래로 흐르는 등억리의 하천.
'작괘(酌掛)'라는 이름은 하천의 바위가 물살의 흐름으로 파인 모양이 술잔[酌]을 걸어둔[掛] 것과 비슷하다고 하여 붙여짐.

벚꽃길에서

푸른 곳간에 햇살 가득 들여놓더니
새하얀 꽃숭어리가 벙글거린다
이 꽃 몽우리를 피우려고
달빛 시린 밤 그렇게 설레었던가

기다렸나 보다
아찔하게 아름다운 이 풍광을
둑 아래 물소리 부드러운 흐름은
수북한 꽃 웃음소리 실어나르는
봄날에 두근거리는 가슴

작은 키로 올려다본 하늘에
웃음꽃이 가득한 봄날
목적지를 잃었다
새하얀 벚꽃길에서

제2부

책갈피 속의 유년은

어머니의 땀방울

그해 여름은 길었다
물이 흘러야 하는 수로에는
자갈돌마저도 뜨거운 열을 토해내고
찢어놓은 듯 분열된 논과 밭은
어머니의 심장을 쩍쩍 갈라놓았다
천하의 근본을 지키려는
인내와 노력의 시험이었나
애태우며 퍼 나른 물방울에
흠뻑 젖은 바램은 그렇게
가을 들판을 누렇게 물들였다

할 수 있다는 말이

"무순 씨앗을 심었어요."
작은 소쿠리에 흙을 담아
무순 씨앗을 심던 날
어머니께 전화를 드린다

"사흘 뒤면 예쁜 새싹을 보겠구나.
무씨는 싹이 빨리 나온단다."
전파를 타고 오는 어머니의 음성
새싹을 틔울 바램을 듣는다

희망의 기운을 주신다
흙을 밀어 올리고
싹을 틔우는 강인함에서
맞이한 기쁨은 삶의 힘이라는

삶의 막다른 길에서 보이지 않아
주저앉고 싶었던 때에도
넘을 수 있다고 할 수 있다고
"꼭 해야만 한다." 하셨다

한평생 살아온 길에 지금도
작은 생명에서 큰바람으로
삶의 기운을 불어넣는다

아버지의 초상화

어느 날
아버지의 영정 사진이 보이지 않았다
물어볼 수도 없는 마음은
끝내 돌아오지 않을 잊혀지는 아픔
그리운 영상으로 젖는다

반세기 전 고사리손에 쥐어진 장학금으로
아버지의 초상화를 그렸다
흑백사진도 흔하지 않던 시절
풋풋한 젊음을 기억 속에 저장하시고

겨우 혼례식 사진 두 장과
한 장의 증명사진으로 그린
단 한 장뿐인 아버지의 초상화

이젠 생각도 희미해지고
그림도 퇴색되어 버렸다고 하신다
세상에 남아있던 유일한 그리움
단 한 장이던 흔적도 세상을 떠났다
아버지처럼 예고도 없이

뇌리 속에 저장된 기억을 믿고
많은 것을 잊은 날이
살아온 날만큼 지워진 지금에
어찌 남아있으랴

젊음이 멈추었던 아버지
세기의 절반의 세월 속에서
그릴 수 없이 바래진 모습

참 많이도 그립습니다

고향에 찾아와도

기다렸을까
동구 밖 *은사시나무 수런거림은
산밭 원두막에 깜빡이던 불빛은

파란 하늘은 슬픈 영혼의 뜰 안
한줄기 여윈 구름이 있어
이름 없는 들꽃으로 눈물짓는다

실개천 언덕에 호롱불 빛 아른거려
그 불빛이 밝아지면
내가 사는 도시가 그리워지는 것

오솔길에 그리던 꿈은
논둑에 외발로 서 있는
백로의 맘일까 지금은
머리카락 희끗희끗한 객이 된걸

* 은사시나무 : 지금 고향 마을 입구를 지키고 있는 정자나무.
시인이 초등학교 6학년 식목일에 아버지께서 딸의 이름으로 심은 나무.

무논에 달이 잠긴 밤

그리움이련가
젖은 마음이 달빛 따라온 바람에
흔들리는 것은
아직은 여름이 이른 논둑에서
밤하늘의 별을 헤던 소녀를 생각한다

마른하늘 아래 새카맣게 타는 근본으로
차가운 땅의 기운을 감내하며
물을 퍼 올리는 양수기의 힘겨운 소리에
이슬이 젖던 그해 여름

마음속 깊은 곳에 흰 등을 달아두고
갈라진 논바닥에 물이 담기는 기다림은
손가락을 다 펴놓고 그 하늘에서
푸른 행성이 지나간 길을 찾고
수많은 상줄기가 내세로 다다르딘
그믐 지나 초승달 비추던 그 밤

도시의 이방인

먼지를 일으키며 달려온 바람은
가쁜 숨을 쉬는 도시의 여백에서
향수병을 앓는 뇌 속으로
잊지 못한 기억을 실어 나른다

젖은 벽이던 가슴은
은밀하게 부서져
구부러진 고갯길을 넘어
여울목 물소리에 그만
서성이는 나그네의 허무함

몸보다 마음이 먼저 달려가는
그곳이 있어 설레이는 것
살갗을 스치는 바람결이
그 산을 넘어온 것을
빌딩 숲에 들어와서 느낌은
아직도 머물지 못하는 맘

책갈피 속의 유년은

어린 가을이 결실을 위해
비옥한 두뇌를 가꾸는데
묵은 책장을 물들인 낙엽은
아직도 꿈길을 걷는다

고르고 다듬어 디딤돌을 놓아
반백 년을 가꾸고 있는 영토에
이젠 색이 변하는데

가냘픈 단발머리 아이가
호수 같은 눈망울을 굴리는
어린 책갈피에서
빛바랜 짧은 글귀가
동심을 그린다

종소리

모두 그립다
아쉽게도 지금은 들리지 않는 소리
늙은 소나무 가지에 가려진
언덕 위의 작은 교회에서
끊어질 듯이 가늘게 들려오던
새벽 종소리

숨 가쁘게 살아온 삶에
얼룩진 영혼으로
그립다고 눈시울이 붉어지는
조용히 만져보는 그리움의 울타리 안
한 방울의 눈물로 배어 적신다

이미 다 비웠다고
마음을 비웠다고 하지만
아직도 표정에 힘이 가는 것은
세상에 남아있는 물욕 탓이리라

세기의 절반을 지나 오늘
주름의 수를 더해가며 휘돌아와

귓가에 맴도는 소리의 간절함이
닫힌 빗장을 열어
오래 묵은 어둠을 걷어낼까

소나기

가슴속까지 흠뻑 적신다
살 깊게 젖어
남이 모르는 눈물로
꼭 다문 입가에 젖는 찬 빗줄기

지나가는 비는 매서웠다
마른 그리움에 흥건히 적시는
이 소나기를 뚫고 가야겠다
어머니를 만나 변명이라도 해야지

멍석 위의 마른 고추가
소낙비에 흠뻑 젖는 줄을
무지개 꿈을 꾸던 딸아이는
햇살이 눈에 들고서야 아는
쏟아진 빗물만큼이나 야속한
철부지였던 딸을
기다리시겠지 지금은

예고도 없이 찾아온 불청객이
가슴을 깊숙이 후벼팔 줄

당신의 가슴을 짓누르는
큰 웅덩이를 남길 줄을
지금까지도 모르시겠다는 말

내린 비만큼이나 질척이는 맘
분명 지나가는 비였는데
긴 세월을 생채기로 아린다

잃어버린 꿈

저녁연기 하늘로 오르는 늦은 오후
누렁이 소 앞세우고 산길을 돌아오시던
아버지
얼굴에 움푹 파인 주름의 깊이를
지금 알지 못한다

태풍이 후려친 내 꿈 밭은
뿌리째 뽑히고 잃어버린 길
다시 세울 수 없어 멍이 든

어린 냇가에 두고 온 여울물 소리에
곱게 묻은 간절한 통곡은
원망으로 온 들녘에 가득했을
잃어버린 어린 꿈
이제야 꽃망울을 터트린다

향수鄕愁

산자락이 끝나는 모롱이를 돌아서
시냇물을 거슬러 오르면
넓은 반석 위에서 어린 꿈을 키우고
하얀 솜털 입은 나뭇잎이 나풀거리는
아버지의 숨결로 자라
마을 어귀를 지키는 우사시나무가
반겨주는 내 고향

이른 아침 햇살이
뒷산 능선을 넘어와
아래 뜸 위 뜸을 살펴주고
앞산으로 지는 곳

좁은 논두렁길로
누렁이 황소가 돌아오고
온종일 시냇가에서 놀던 오리 떼
집으로 들어오는 저녁나절
뉘뚱거리는 울음소리 징겨운 곳
어린 이야기가 자라나던
뭉텅뭉텅 따라오는 나의 열세 살

자꾸만 잊는다

현관문을 열다
자꾸만 머리를 매만진다
손에 없는 것을 찾는 것

외출에 동행해야 할 것
뒤돌아봐도 보이지 않아
문턱을 넘던 왼발도
기억되지 않은 무엇을 찾는다

몇 걸음을 걸었는데
자꾸만 따라오는 의문은
그럴 나이가 되었다고 한다

금 간 치아를 덮어씌운 치료
신체의 일부에 내 것이 아닌
다른 구조물의 보정으로
제구실을 한다는 것

쉬이 받아들일 수 없어
슬픔 속에서 방황하더니
이젠 손에 든 것을 깜빡하는
기억 속을 헤매는

코스모스 길

코스모스 핀 길에 서면
까닭 없이 쓸쓸해지는 것은
그리움이 있어서 일 것이다
희뿌연 안갯길에 갇히는 것
무너지는 젊은 심장을
오열로 낚겨두고
꽃상여가 떠나가던 길
찬 이슬에 젖은 기다림은
내 생애 벼랑 끝에서
아슬아슬하게 피우던 꽃
나와 허공 사이 기억의 깊이는
알 수 없는 상형문자로 맴도는
빛바랜 기억으로
그 길 위에 서 있다

낙엽 향

마음이 울컥하는 것은
아직도 포기할 수 없는
내가 있기 때문이다

곱고 예쁜 기억일 것
상처가 지나간
내 영혼의 실체
떠도는 고행이래도
감성 한 줄 기억되는 것

바람결에 사운대는 몸짓은
그리움을 저장한
책갈피에서 연약해지는 것

잊혀지는 그리움

해와 달이 뜨고 지는 날이
켜켜이 쌓이는 동안
수정체 속에 박힌 찰나가
인내와 고요를 초월해야 할 때
판단의 뇌는 시린 삶을 기억한다

한잔의 커피 향에 매료되어
기억 저편으로 밀려 나가
돌아오지 못함은 망각이라고

내가 묻는 안부 속에는
초가집 툇마루 근처까지 쌓인
고향의 폭설도 그리워지는데
징검다리 건너던 단발머리 소녀는
더해지는 잊혀짐으로 갈등을 한다

간혹 뒤를 따라오는 휘파람 소리에
뒤돌아보니 나의 유년이었넌
생각의 조각들이 푸른 별을 담고 있다

흐름이라는 것은

시간의 흔적들이 반긴다
기억을 물들이는 조각난 시간들
이름 모를 꽃이 피어있는 길에서
소용돌이치는 강물의 싱싱함에
풋풋한 웃음을 남겨놓은

도도하게 쏟아져 지형을 변화시키고
곡류로 흘러 퇴적되어 정착된
다른 성향으로 변하여
생태를 이어가는 흐름

유연하고 적당히 변화하는
세파에 떠밀려 살아온 생은
부서진 배를 수리하며
꿰매고 덧대어 항로에 띄우는 것
누구나의 삶이었을 것

가을 그늘에서

계절의 갈피가 그려낸
빈 들녘 끝에서
문득 스치는 그림은
노을빛에 젖는 고독한 영혼

시들어진 해바라기꽃에
혼을 불어넣었다는 가난한 화가
노란 꽃잎에 그린 삶
그는 보았을까
빈 들녘에 물드는 붉은 노을을

결실을 거둬들인
계절의 풍요로움에
텅 빈 들녘에서도
마음이 쉬는 것을

그늘이 넓은 나무 아래서
평온을 향유享有하는 것
가을 들녘 노을빛에서
붉게 물드는 것을

수행의 길

비워내고 비우며 가쁜 호흡을 하는
젊은 스님의 수행 길을 본다
낡고 부질없는 것들과 결별을 하는
탐욕과 어리석음 성냄으로부터
가벼워지고자 담금질을 하는 것

험준한 산사 오르는 고단한 길에
생과 사가 엇갈린 자식과의 인연을
퇴색한 육신으로 감내하며
죄 많다고 여기는 한 많은 노파도
짓누르는 번뇌를 닦고 쓸어내고 있는
고행의 시작은 달라도 번뇌를 녹이는 길

높고 가파른 바위산에
앞서 길을 내며 오르는
파르라니 깎은 머리의 젊은 스님
한마디 말은 없다
청춘을 고행으로 칼날 같은 길을
갈고 닦는다

걸음걸음 가쁘게 쉬는 한숨 소리
두고 온 인연이 아파 흐르는 눈물은
세상에 내려놓은 삶인 것을
가슴 깊은 곳에서 비우고 비워내도
알 수 없는 세상일들
시간과 공간을 오고 가는 길을 걷는

* TV에서 가파른 산길을 오르는 젊은 스님과 자식 잃은 노모의 고행길을 보고.

억새꽃은

그리움의 몸짓일까
휘청임은
할 말을 다 하지 못한
이제는 멀어져 가는 젊음에
애틋한 화법임을
가을 마음에 담아본다

으악새 슬피 우는 소리일까
은빛 유혹에 머무는 바람결에
제 몸을 부비는 소리
잠시 머무는 햇살에
관능미를 보이는 억새의 몸짓
온몸으로 우는 듯

하얀 치맛자락을 부여잡은
여인의 고혹적인 자태인 듯
은빛 물결에 깊숙이 숨겨진
날카로운 잎새
그 소리를 들었는지
아~ 으악새 우는 소리

제3부

장마가 지난 뒤 하늘은

섭씨 36°

안개 낀 들길이
샛바람을 맞이하는 설렘은
높은 값을 올리는 수은주로
한없는 자맥질을 한다

어딘지 모르는 생의 눈부심은
속내를 보이는 듯한 세상의 거품들
뜨거운 태양열에 담금질 된 시선
가빠지는 심호흡으로
창백해지는 표정에서

한낮 섭씨 36°
품어내는 더운 김을
높아지는 열기둥의 타성으로 느낀다

파도

가파른 해안海岸에 닿는다

물결은 비상하고
수온은 젖어 머뭇거리는
먼발치에서 다가오는
붉은 기운이 목구멍으로
넘어오는 것
제 몸을 퍼덕이는 생과 사
치열함으로 부풀린 몸집
찰나에 당겨놓은 탄성으로
벼랑에 부딪히는 그즈음에

잊었다
거대한 몸집의 형체를

혼돈

시선이 닿지 않는 곳에서
두리번거리는 마음을 본다

굽은 산자락을 휘감는
강물의 소용돌이에
햇빛과 바람이 조각한
물결의 부서짐에
눈이 부시는 것은
빛의 형체를 가늠하고픈
공허함으로 우울해진 시선 일게다

꺼내어 봐도 아직
두리번거리고 있는 가슴
세상의 말들이 가시를 키워도
그윽하게 답을 하는 향기
쉬이 허락할 수 없는 길에서
강물의 깊이를 탓하는구나

폭염

심장 소리 다급해진다
채널마다 온누리에 전파하는
기록적인 섭씨온도는
수직으로 퍼붓는 태양열에
그 열기를 더해준다

고도의 발전으로 예견된 변화는
소리 없이 훈련된 투명한 폭력에
만물이 사투를 벌인다

이럴 때는
물이 오른 숲속의 그늘을 쏟아부어
더위 먹은 젖가슴을 씻어내고
타는 목을 휘감는 섭씨 36도에
땀방울 식혀 푸르게 펼쳐 놓았으면

달빛 지는 바다

바다를 잠재우는 것은
한숨으로 침몰하는 추의 무게
희미한 해무가 번져도
수많은 생이 던지고 간 시간의 흔적에
파도의 너울은 들숨으로 가라앉는다

길은 보이지 않는다
주름진 시름 같은 세상의 끝에서
평평해진 수면이
아직도 해명하지 못한 경계는
물살 속으로 부서지는데

유속이 급속히 빨라져도
달빛은 밝아오는 수평선에
보호색을 풀어
침몰하지 않는다고 하지만
향수마저 흥건히 젖는
다시 닻을 올리는
불꽃에 심지를 돋운다

장마가 지난 뒤 하늘은

감미로운 바람의 책임감일까
덥고 습한 기운을
줄기차게 뿌리던 그 하늘
파문도 일지 않아
흰구름 몇 점만이 산 능선에 앉아
명상 중이다
아직은 한여름 오후인데
가을빛 하늘이 느리게 산책을 한다
태풍의 위협이 몇 번은 있을 것
노랗고 붉은 가을꽃을 피우려
파랗게 높아만 가겠지 하늘은

여름비 내리는 날

어느 하루쯤 나를 읽고 싶은
그런 시간이 간절해지는 날
꿈길을 무겁게 오가던 소망은
체감 온도에 몸서리친다

세상살이 거친 파도에
가슴 치던 그가
가꾸다 황폐해진 꿈속에서
영글지 못하고 겉이 익어버린
메마른 날을 자르고 싶은
가슴이 두근거린다

비가 내려도 개운치 않은
연일 전해지는 뉴스
바람 앞의 등불 같은 날을
습한 온도로 체감하는 것
비에 젖은 감성으로
존재의 의미를 알고 싶은
어린 여름이 젖고 있다

상사화

젖은 슬픔이 돋아나고 있다
아직은 보이지 않는다
버스를 기다리는 정류장
낙엽을 사이에 두고
길을 내어 쉼터라고 하는 세계가
다른 경계에 머무는 시선
만날 수 없는 화려한 이별이
외롭다고 하네
슬픔이라고 하네
긴 꽃대궁에 아슬아슬 피었다
슬픔이라는 꽃잎에
우주를 담고 있는 이슬은
만날 수 없는 향기 모아
잎새를 피우겠지

위기의 온도

지상으로 내리꽂는 태양열도
삶에 허덕이는 사람들의 마음도
몇 도의 뜨거움으로 결정이 될까

연일 보도되는 정계의 비리와
국제사회의 회오리 산불들
선량한 민중이 분노하는 마음이
끓어오른다

하나를 결정하면 꼬리를 무는 사사건건
교란의 이유로 몸집을 불리는 무리수
시시비비의 교류로 내뿜는 뜨거움에
경제의 위기로 민중의 가슴은
점점 내려가는 저혈압으로 위태롭다

식히거나 데워서 느끼는 온도
따스함과 뜨거움이 다르다는 걸
실제의 마음은 주체하지 못하고
끓어오르는 그즈음에서
외면을 받는다

큰비 오는 날

밤새 가슴에 엉킨 빗소리
떠나지 않은 불안한 징조
줄지어 보도하는 *다나스 경로는
내일이면 남쪽 지방을 강타한다는
경보로 바뀐다

빗줄기 굵어지더니
여행길이 끊긴다는 뉴스
늦은 오후 그 위력을 예고라도 하듯
창문이 흔들린다

세찬 비바람에
더 젖을 것도 없는 나는
젖지 않는 것이 없는 세상
어느 처마 밑에서 쓸쓸해진다

언제부터인가
완벽한 탄압에 점령당한 채
창가에 홀로 서 있다
멀리 보이는 이차 선 도로에
빗물이 만든 물길은 숨이 차다

일상의 찌꺼기를 던져놓고
혼탁한 두뇌를 깨워
삶의 안쪽으로 몸을 돌려보니
한 소절의 생이 젖고 있다

* 다나스 : 2019년 7월에 발생하여 엄청난 폭우를 기록한 제5호 태풍이다.

읽을 수 없는 문자의 통용

도시의 번화가에는 자신이 있음을 알리는 문자와 듣고 이해할 수 없는 말들로 길이 빽빽하다. 사람들도 제각각 다르다. 색색의 놀이 공을 섞어놓은 바구니 안처럼 지구상에 있는 인간을 모두 버무려놓은 듯, 유색인종들이 뒤섞여 좁은 거리를 활보한다. 즐비하게 늘어선 점포들은 젊은 이름표가 붙어있고 음식의 맛은 알 수 없어도 간판의 이름을 이해할 수 없어도 찾아 들어가는 이는 각양각색으로 시대의 흐름을 인식시킨다. 음식의 맛과 그 집만의 특색을 알고 들어가는 것인지, 중년의 아저씨 아주머니, 젊은이, 어린이, 도시의 유혹은 좁게 넓게 각기 다른 인종들을 불러들이고 내보낸다.

비처럼 울던 밤

풋잠을 진정시키다
한기에 떠는 나뭇잎을 본다
속세에서 가려진 시야 탓으로
버거운 삶을 적시던 가슴은
우렁찬 빗소리에 묻히더니

세상이 알까
두렵던 울음소리를
빗줄기에 실려 보내던 밤
실컷 울었던 가슴소리로
하루가 수척해진다

빗방울이 밤새 떠돌았지
낯익은 소리 들리는 듯하여
귀 기울여보니 그건 빗소리 아닌
내 가슴소리였어

상심한 밤에 기울어 흠뻑 젖던
그렇게 저물어가는 꿈속에서
빗금을 그으며 적시던 밤
꿈의 뒤란에 내리는 비는
눈물비였어

에덴밸리에서 바라보는 하늘

저 하늘이 엊그제
태풍을 몰고 왔던 하늘이었던가
몽실한 흰구름 피워놓고
말짱하게 시치미 뚝 떼고
느리게 산책을 한다

바위도 산 목에 매달아 놓고
처참하게 목이 잘린 풍력기는
산등성이에 내동댕이치고
도시의 빌딩을 뒤흔들어
그 부속품을 부수고 위협하더니
어디에서 힘을 잃었을까
강력한 위력을 내세우던 *마이삭은

마음을 비우는 것은
삶의 무게를 덜어내는 것
산등성이에 앉아 있는 구름도
계절의 소용돌이에 할퀸 상처
마음으로 비웠을까
억새꽃이 하얗게 피는 가을날에
잊는다 그 비바람을

쓰러진 풀들을 일으키는
풍부한 상상력은 가슴속에
파란 하늘을 들여놓고
*에덴밸리 바람결을 음미한다

* 에덴밸리 : 경남 양산시 원동에 있는 루지와 스키장을 갖추고 있는 유원지

* 마이삭 : 2020년 9월 3일 새벽 부산, 경남 일대를 강타한 9호 태풍

강물이 뒤집혔다고

비 오는 날 강가에 나가보라
강물이 온통 뒤집혀 들끓고 있다
아마도 주체할 수 없는 울분이었나보다
사람의 마음을 그리도 헤집어 놓더니
이젠 강물을 저리도 뒤적여 놓았구나

강물도 속이 끓어서 뒤집힌걸
어디 쏟아진 비 때문일까
세상사 어긋나 흐름이 막히는 시점에
사람의 맘도 뒤집히는 심경으로
머릿속은 혼돈의 도가니

저 강물도 어지러운 세상사
다독일 수 없어 요동쳤나 보다
홍수로 쓸려가는 것을 봐야만 하는
분하다는 것 흘려보내면 그뿐인 것
버리고 나면 얻을 수 있는 여유

가슴 태운 시간은 미련이었던
내 것을 내려놓지 못한 어리석음

저 강물을 보며 깨달음은
수위 높아져도 흘러가면 그만인걸
눈에서 멀어지면 잊혀지는 치유

흙탕물 지나고 나면 맑은 물에
버들치 붕어 떼 유유히 놀겠지
삶의 매듭 풀지 못해 안타깝던 시간도
거센 물살에 몸살을 앓은 후에는
그저 지나가는 과정이었다고

가을이 가는

눈물이 가려서 일거야 흐릿함은
두고 온 기억들이 아파서
발끝에 아른거리는 연보랏빛 향을
들추인다

찬 이슬에 목을 축이는 보랏빛 그리움에
잠이 오지 않더니
너의 향기가 그리워서인걸
버리려 했던 기억들은 구절초 향에 취해
저무는 가을을 부여잡고 있다

또 깊은 생각을 품에 안는다
고독을 느껴볼 겨를도 없이 가는 가을
채도 높은 빛깔에 멀미를 하는 길이
비틀비틀 흐른다

풀 내음 흙내음이 옷을 갈아입는
수많은 격동을 인내한 청춘
메말라가는 감정에 몸부림치는
고운 빛깔로 촉촉이 적시는
언어의 발상을 꺼내본다

안개 속에 갇히다

희미한 꿈속이었다
안개 자욱한 산모롱이 앞에서
환상인 줄 알면서
저 안개 터널을 헤치고 나가면
아마도 무릉도원이겠지
스쳐 지나간 세상은 잊히리라
저 산 뒤에 감추었던 모습이
점점 선명해지는
그것은 잊었던 나였다
늘 그렇게 보이다 이내 사라지는
안개 터널에 갇혀
희미한 느낌으로 돌아가고 싶은

빗물에 젖지 않는 시간

연일 내리는 비에
늘 불청객이던 까마귀들
빗소리를 물고 숲속으로 들고
감추지 못한 생각들은
이내 온몸으로 흘러내린다

마음이 먼저 젖어버린 날
흐릿한 불빛은 난간에서
한 생을 차갑게 적시는데
멈추지 않는 하루 한나절

몰래 숨어든 애증을
오롯이 견디던 나날
뜨거운 눈물이었을 빗줄기
거칠게 튀어 오른 생애
발걸음을 맞추는 시간

하루를 적시는 빗물에
굳어진 마음도 흥건해지는데
그대로 흘러가는 비정한 시간

장마

비가 내리는 낮은 하늘이
어떤 무게를 내려놓을까
물길을 내어 흘러가는 빗물은
분열된 소용돌이의 세상에서도
맑은 물이 흐르던 샛강에도
발원지를 알 수 없는
어디부터인지 흙탕물이다

삶에 부대껴본 사람은 안다
장마가 할퀸 자국을
옹이 박힌 가슴으로 화살 된 세월
깊은 고랑이 된 주름살
움푹움푹 패여 상처 입은 산과 들
흙탕물로 흘러가고 남은 흔적들
사람의 세월도 긴 장마였지

코로나, 마스크

무엇이 근원이 되어
세상에 왔는지 알지 못한다
폭풍처럼 날아든 너로 인해
보이지 않아 두려움의 순간들

폐부 깊숙이 침투한 활약으로
우주에 떠도는 세균의 통행로
실체의 강력함을 알게 되는 것

위엄을 드러낸 전파력은
문명인을 시험하는지
소통의 길을 제한 한다

빠른 속도의 전파력은
방역 소모품 대란이다
전염성의 두려움도 어느 곳에는
소득 창출로 반가움도 있을 것
강화된 방역 수위 고도의 지능은
비열함의 통로를 차단한다

익숙하지 못한 시작으로 어둡던
그 길은 그리 멀지 않다고
곁에 있어도 마음 두지 않아
스스로 힘을 잃어야 하는 세균
꽃피는 푸르른 날
마스크 벗고 크게 숨을 쉬리라

※ 코로나19로 인류가 소통의 길이 막히던 2020년.

가을밤

달빛이 하도 밝아서
달빛 밟으려고 걷는 밤길

귀뚜리도 따라 달밤을 걷던
찬 서리 반짝이는 빈 들판의
지푸라기도 그리워지는 밤

산 그림자 길게 드리운
잃어버린 계절이 그리워
이젠 빈들만이
차갑게 차갑게 울고 있을 것

제4부

은빛 파도

온도 차이

기다림과 그리움으로 목이 말라
가슴앓이보다 뜨거워지는 체온
내가 가진 온도가 네게도
그대로 느껴지길 바랬던 것
기대의 무게에서 오는 건 아닐까

연일 보도되는 뉴스에
강한 반응을 하는 심장이
수은주를 빠르게 밀어 올리고
조금씩 가벼워지는 두뇌의 무게는
판단의 분열이 결과로 기록되는

21세기의 어느 여름날
같은 산소를 들이마시고 내쉬는 작용은
수은주를 빠르게 상승시키고
강하게 떨어뜨리는 오작동을 한다

감천마을

오래 되어서 정겨운 풍경이
가파른 벽으로 옮겨온 바닷속 세상도
이국 왕자의 간절한 그리움도
감성이 풍요로운 사람들을 부른다

비탈진 언덕을 타고 올라가야 하는
무거운 어깨를 맞대고 있는 지붕
그리고 좁다란 골목길 그곳에는
울도 담도 없는 이웃들이 있다

향이 있는 음료가 모양을 내고
오르내리는 길모퉁이에서
몇 마디의 외국어가 길을 안내하는
발걸음이 감동하는 감천

항로를 이탈한 난민의 길에서
닻을 내리고 정박해야 했던 언덕
비탈길 험해도 바다를 바라보며
길을 찾는 나룻배에 돛을 달던

그 길에는
무명 작가의 풍성한 상상력이 있어
옥상 난간에 걸려있는 희망에
날개를 달아주는 지금 *감천마을은

상상 속을 헤엄치는 물고기를 쫓아
동화 속을 떠돌다 불시착한
어린 왕자의 사연을 듣는 이방인이
좁은 길을 오르내린다

* 감천마을 : 부산광역시 서구 감천동 문화마을.

흰여울길 앞 바다

불빛이 정겨운 항구에 닻을 내린다
육지는 아직도 먼 바닷길
거친 물결과도 긴 항해였지만
가야 할 곳이 선택이라고 기다리는
*흰여울길에서 알았다

그리운 도시를 찾아와도
물살의 흔들림에 몸을 맡기는
긴 항로에 인연이던 수족들
예인선에 실려 보내고
더는 갈 수 없는 곳

기다린다
이별과 만남이 있는 *묘박지
격랑의 바다 파고에
오롯이 외로움과 그리움을 싣고
가슴을 쓸어내린다

바다
어떤 이는 그리움을 풀어놓고

어떤 이는 슬픔을 물결에 실려 보내고
어떤 이는 한 맺힌 삶을
이 바다에 모두 토로한다

* 흰여울길 : 부산광역시 영도에 있는 바닷가 마을 길.
* 묘박지 : 수심이 신박의 정박에 적합한 장소.
영도 앞바다.

시를 짓고 있는

오는 길은 없는데
지나갔다고 흔적을 남긴다
강물도 잔잔히 흘러가고파
바람의 유혹을 속으로 견디어도
곱게 치장하는 속내는
뜨거운 상처와 번민을 다스리는
가을의 눈길인 것
마른 풀잎에 얹혀있던 고요가 깨어나는
지난 오월의 붉은 장미꽃을 기억하며
떨어지는 낙엽에 그리는 가을의 언어는
풀벌레 소리로 풀어놓고
구름 몇 점 쉬고 있는 파란 하늘은
새의 날개를 위해 비워두고 싶은
여운으로

입추가 지날 즈음에

아직은 떨어지지 않는 수은주로
구슬땀을 흘리는데
산등성이에는 흰구름이 한가롭고
강물은 물빛을 바꾼다
여름이어야 할지
가을이어야 할지
가늠할 수 없는 세상사
잠시 내려놓으라고
바람은 속삭인다
절정의 기온은 내려가지 않아
고액의 비용이 소비되는데
한계의 능력을 쏟아부어도
경기지수는 하강한다
그믐달 같은 눈으로
먼 산등성이 바라보는 맘은
풍성한 가을을 기다림이리라

낙엽이 지는

떠나는 시점에
저리도 곱게 치장하고 있으니
보내고 맞이하는 명분이
아직도 뇌리에 서성이는
까닭이리라

새잎을 피우는 진통의 기운도
푸른 청춘을 누리던 강렬한 태양도
지나가는 비에 흥건히 젖던 계절도
풍요로웠지

시기에 맞는 이별은
옷매무새 가다듬는 바람에
안으로 숨겨두고
제 몸의 전부였던 것을
곱게 물들여 주길 바랐지

벌겋게 달아오르는 체온으로
단풍 물이 드는 수줍음에
허공을 나는 무희의 몸짓에
이토록 애태우지 않았을걸

노을에 젖은 가을 강

계절이 지나는 길에서
잠시 멈추어본다
어디쯤일까 뒤돌아보는 것은
거친 숨 몰아쉬며 살아온 길
산물길 위에서 풍랑과 맞서는
젖은 나뭇잎을 본다
막막했던 생애 강물만큼 쏟아내던 눈물
쩍쩍 금이 가는 가슴소리를
갈잎에 반짝이는 햇살은 들었을까
지는 노을에 물든 물결은
내색하는지 분홍빛으로 출렁인다
풍랑으로 격동이던 강물에
나약함을 덜어내는 일도 잠시
노을 잠긴 물빛에 사색하는 것

은빛 파도
–억새꽃

물안개 짙은 강가 어디쯤에서
너를 보았어
바람을 불러와 자태를 보이는
내 슬픔이어서 눈이 부시는
여기서 잊어볼까 했는데
서걱임에 명치끝을 움켜쥐고
고독하다는 너의 몸짓이
발걸음 멈추게 하는 강가에서
너를 보았어
바람을 핑계로 반짝임은
가슴 타는 울먹임일 것
은빛 파도라고 이름 지어
너에게서 피어났지
태양이 부추긴 너의 고혹은
지상의 것을 점령한 은빛 날개
잔바람에도 쉬이 몸을 뒤척이며
리듬을 타는 가느다란 숨소리에
입술을 살짝 깨문다

가을의 끝자락에서

바람이 기억하는 가을에
오후의 햇빛이 이루어낸
하얀 꽃의 향연은 감탄으로
깊숙이 발길을 잡는다

시상의 깃에서 고도의 절정이
해마다 익어가는 이치인데
구름 사이에 조각 햇볕은
지금 저 은빛 노을에 여무는 빛깔

누군가는 알고 있을 계절의 끝에서
조금은 큰 듯한 소리를 남기는 것은
조용한 흔들림에 흡수되는 표현
지나온 오솔길에서 낙엽의 노래를 듣는

겨울 숲을 보며

앙상한 가지를 품은 숲은 포근하다
속살을 보이던 겨울 산을
느낄 수 없던 어린 눈이
계절의 색을 기억하는

낙엽이 지는 뜻을
쌓인 나뭇잎의 근원을
더운 눈물의 느낌으로 알게 됨은
삶의 한 시절이 주름이 된 이유

낙엽 썩는 냄새 향기롭고
다 드러낸 속살이 정겨운
그 산에
문득 생각이 정지되는 것은

가끔 흔적을 만들다
지우고 돌아누운 마음
베갯잇을 적시는 회한이
찬바람 머무는 숲속에 들어

가지 끝에 틔울 움을 깨우고
지나간 바람은 흔적도 없지만
속살 포근히 드러낸 그 숲에는
돌아온 처음의 기운이 따사롭다고

마음의 곡선

무거워진 마음은
잡고 있는 것이 많아서 일 것이다
진솔함이라 말하고 싶은
붉은 눈물을 흘려야 했던 날들은
비스듬히 기대어 본 허공일 뿐
울부짖던 삶의 조각은
저만큼에서 뒤돌아보는
침몰해버린 난파선 같은 것
지워버리고픈 나선형인 삶
탱글했던 젊음은 칠흑 같은 바다에서
격동의 순간이었다
그 길에서
집채처럼 거대한 풍랑을 잠재우다
이젠 수평선 넘어오는 태양에
그 바다를 홍건히 적신다

물결의 흘림체

침묵이던
바다의 연서였다

함성이던 파도를
강함과 약함의 물결로
굵직하게 그려낸 서윤에는
자유로움의 약속인 듯

벼랑에 부딪히는 포말이든
되돌아가는 파도이든
자전과 공전의 효과는
바람을 일으키는
포구의 벼랑에서 느끼고

억센 풍랑의 그리움을
바위에 부딪혀서 쓰는
물결의 연서였다

겨울 마음

가끔
시린 별빛 사이에서
서성이는 마음을 본다

혼자여도 소중한
생명체의 일원으로 있음은
아름다운 생각을 남길 수 있는
감정이 있다는 것이다

마른 가지에 남은 몇 장의 잎새는
슬쩍 지나치며 들추는 바람에
시린 생각이 걸린다고
탓하지 않으리라

겨울 그리고 마음
끝내 빈손이다
젖은 바람에 실려 오는 낙엽 향을
무더기로 품어내는 너그러움에
가쁜 숨을 몰아쉬는 것 모두가
내 것만은 아닐 것

여윈 풀잎이 쌓아놓은 적막으로
헛헛한 마음이 안기는 것은
시절을 견디는 일생의 몫이라는
새싹을 틔울 생명이 숨을 쉰다

지문인식

내가 나임을 증명해야 하는
신체의 미세한 부분으로
엄청난 일을 벌인다

무리한 요구였을까
작은 우주래도 유일한 부분인데
존재를 확인하는 무늬조직을
단호하게 거절한다

왜일까
물어볼 수 없는 마음을
끝내 붙잡고 있는 것은
잃어버린 아픔이다

유일한 무늬가 보이지 않아
눈을 찌푸리고 찾는다
어쩌나

지문을 흐리게 보여주는 시력도
인식 못 하는 인공지능도

누릴 수 있는 호사는 아닌 듯
게으름의 벌인 것을

기계의 성능을 탓하는구나
감지 못하는 너로 인해
시간과 비용이 소요되는
수고로움을 맞이해야 한다

태풍, 그 이후

어제도 오늘도 많은 비가 내린다
폭우로 도시 곳곳이 잠겼다고
뉴스는 종일 보도 한다

남해의 온유한 공기와 만나며
과시하던 그 위력은 약해졌지만
책임을 강력하게 완수한 빗줄기는
곳곳에 성과를 남긴다

방파제를 후려치던 파도에
위협을 느끼는 생명을
얼마나 불안에 떨게 했을까

줄기찬 빗줄기가 매만진 땅은
견딜 수 없는 자극으로
토사가 흘러내려 길을 막고
이재민이 발생했다고

깊은 상처로 관심이 필요하다는
전파의 위력도 그 못지않아
저녁나절에 작은 심장에까지 당도한다

아파트 공유면적에 수위를 높이고
그 물 위로 자맥질하는
빗줄기를 보는 차분했던 마음은
금새 복잡해진다

근처에 왔을까, 봄이

도심 속 호수에 이는 파문은
입김처럼 스치는 바람의 흔적
봄이 근처에 와 있을까
따스하다

이상기류가 흐르는
겨울의 끄트머리
먼 산 능선이
물결 위에 와서 눕고
공허해진 흰구름은
내 안에서 피고 사라지는데

왠지 낯설다
벚꽃이 드문드문 피고
황금빛을 드러낸 잉어들이
유영을 하는데

행선지도 없이 불쑥 찾아와
심호흡을 위협하는 바이러스
아지랑이 피우는 살가움도

봄 마중 가는 얇은 옷차림은
이젠 그리운 날이 되어
애써 감정을 다독인다

* 코로나19의 확산 속에서 맞이하는 2021년 봄

표류하는 소망

이슬이 맺힌다
무거운 짐을 진 어깨
마디마디에 배어든 삶의 흔적들
좌절과 희망이 교차하던 눈빛은
부력으로 떠 있는
지칠 줄 모르던 억척의 세월로
작은 깃발을 펄럭이던 쪽배였다

침몰하던 소망이
언어의 경계를 넘으며
몸을 파묻고 싶은 절망은
거처의 방향을 잃었던
난파선이었다

표류하던 영혼의 비명은
멍이 든 가슴을 움켜쥐고
어느 포구에서 정박해야 할
닻을 점검하는 이유가 된다

해설

이순耳順, 삶에 대한 사유와 성찰

허 형 만

이순耳順, 삶에 대한 사유와 성찰

허 형 만

시인. 목포대 명예교수

채경자 시인의 네 번째 시집은 〈시인의 말〉에서처럼 "봄 기운에 설렘으로 어지럼증을 앓는 아직도 분홍빛 봄을 누리는 이순의 여인, 그 설렘으로 피우는 꽃 나의 꿈"이 삶에 대한 사유와 함께 고스란히 녹아들어 자신을 성찰하는 힘으로 자리한다. 두 번째 시집 『그리움, 달빛 물길에 젖다』(2012, 세종출판사)에서 "바람도 두드리고 갔을 가슴 시린 날을 시로 승화시키는 간절한 내 삶에 어린 아들딸의 해맑은 눈동자 청량한 웃음소리에서 가슴 따뜻하게 느끼며 문학의 꿈을 놓지 않았다"고 고백한 채경자 시인은 세 번째 시집 『남쪽으로 창을 내고』(2017, 해암)에서 "곁에 있어도 그립다고 보고 싶다고 응석을 부리는 기다림이 된 내 희망에 삶의 전부를 태우고도 또 태운다. 삶에 지칠 때면 낙농상 어디쯤에서 바람을 벗 삼아 달빛을 탓하며 시를 짓는다"고 끊임없는 창작열을 토로했다. 그 후로 5년이 지난 오늘 채경자 시인만이 품고 있는 이순의 나이 그 꿈과 설렘은 물론 고독한 시 쓰기를 위한 사유와 성찰에서 우러나는 힘이겠지만 시를 읽는 우리의 설렘으로 바꾸어놓는 묘한 힘을 보여주고 있다.

내가 나임을 증명해야 하는
신체의 미세한 부분으로
엄청난 일을 벌인다

무리한 요구였을까
작은 우주래도 유일한 부분인데
존재를 확인하는 무늬조직을
단호하게 거절한다

왜일까
물어볼 수 없는 마음을
끝내 붙잡고 있는 것은
잃어버린 아픔이다

유일한 무늬가 보이지 않아
눈을 찌푸리고 찾는다
어쩌나

지문을 흐리게 보여주는 시력도
인식 못 하는 인공지능도
누릴 수 있는 호사는 아닌 듯
게으름의 벌인 것을

기계의 성능을 탓하는구나
감지 못하는 너로 인해
시간과 비용이 소요되는
수고로움을 맞이해야 한다

-「지문인식」 전문

가장 경험 많고 통찰력이 뛰어난 '꿈 탐험가'로 불리는 제레미 테일러 박사는 "인간은 본능적이고 원형적으로 온전한 정서적·영성적 체험을 갈망한다. 그런 체험을 통해 깨어 있는 자아에 만족스러울 뿐 아니라 개인의 소소한 환경과 사적인 삶의 시작과 끝을 넘어 보다 넓은 의미와 중요성의 드라마에 참가하는 진정한 의미를 체화하게 된다."(『살아 있는 미로』, 도서출판 동연, 2009)고 밝힌 바 있다. 채경자 시인의 작품이 우리에게 체화되는, 즉 공감케 하는 요인이 무엇인가를 곰곰이 생각해보면, 아마도 「지문인식」과 같은 작품을 통해 제레미 테일러 박사가 말한 바로 정서적·영성적 체험의 갈망이 우리에게 스며든 게 아닌가 싶다.

지문은 손가락 끝에 땀샘이 튀어나와 만들어진 무늬로 피부보다 위로 튀어나온 융선과 융선 사이의 공간인 '골'로 구성돼 있다. 사람마다 지문의 융선과 골의 모양이 다르고 평생 변하지 않는 특성이 있어 "내가 나임을 증명해야 하는/ 신체의 미세한 부분"으로 존재한다. 이러한 지문이 "작은 우주래도 유일한 부분인데/ 존재를 확인하는 무늬조차을/ 단호하게 거절"하는 지문 인식기 앞에서는 어찌할 방도가 없다. 지문 인식기는 사람마다 다른 지문을 식별하여 정보화하는 장치 또는 기계인데, 그래서 지문 인식기를 통해 신분을 확인해야만 문이 열리는데, 지문 자체가 선명하지 않아 식별을 단호하게 거절하는 인식기 앞에서 "왜일까/ 물어볼 수 없는 마음", "기계의 성능을 탓"할 수만 없는 심정이 얼마나 답답한지는 실제 체험해보지 않은 사람은 이해하지 못 하리라.

먼지를 일으키며 달려온 바람은
가쁜 숨을 쉬는 도시의 여백에서
향수병을 앓는 뇌 속으로
잊지 못한 기억을 실어 나른다

젖은 벽이던 가슴은
은밀하게 부서져
구부러진 고갯길을 넘어
여울목 물소리에 그만
서성이는 나그네의 허무함

몸보다 마음이 먼저 달려가는
그곳이 있어 설레이는 것
살갗을 스치는 바람결이
그 산을 넘어온 것을
빌딩 숲에 들어와서 느낌은
아직도 머물지 못하는 맘

-「도시의 이방인」 전문

현대인들은 문자 그대로 '도시의 이방인'이다. 특히 앞서 살펴본 지문 인식기 앞에서 자신의 지문이 인식되지 않을 때 느끼는 비애감은 '도시의 이방인'임을 더욱 실감 나게 할 터. 건축가이신 승효상 동아대 석좌교수가 말한 "이 시대, 메타버스인지 가상현실인지 고향 잃은 방랑자 같은 현대인들"(『생활성서』, 2022년 5월호)은 어쩌면 "먼지를 일으키며 달려온 바람"이 "가쁜 숨을 쉬는 도시의 여백에서/ 향수병을" 앓으며 살고 있는지 모른다. 그래서일까. "여울목 물소리에 그만/ 서성이는 나그네의 허무함"을 어찌할 도리가 없음을 고백하지만, 그러나 한편으로는 채경자 시인답게 그 "허무함"에 함몰되지 않는 굳은 의지력, "아직도 포기할 수 없는/ 내가 있"(「낙엽 향」)음을 똑똑히 보여준다. 또한 도시의 이방인으로서 "아직도 머물지 못하는 맘"이란 "곱고 예쁜 기억일 것/ 상처가 지나간/ 내 영혼의 실체/ 떠도는 고행이래도/ 감성 한 줄 기억되는 것"(「낙엽 향」)과 하등 다를 바 없지만, 상처를 기억한다는 것은 "막다른 곳에서 찾은 잊었던 꿈/ 헤쳐 나갈 의미"(「가벼워지는」)를 내포하고 있기에 우리는 채경자 시인의 참된 자아 성찰에 공감할 수밖에 없는 것 같다. 다음 작품이 그걸 증명한다.

모두 그립다
아쉽게도 지금은 들리지 않는 소리
늙은 소나무 가지에 가려진

언덕 위의 작은 교회에서
끊어질 듯이 가늘게 들려오던
새벽 종소리

숨 가쁘게 살아온 삶에
얼룩진 영혼으로
그립다고 눈시울이 붉어지는
조용히 만져보는 그리움의 울타리 안
한 방울의 눈물로 배어 적신다

이미 다 비웠다고
마음을 비웠다고 하지만
아직도 표정에 힘이 가는 것은
세상에 남아있는 물욕 탓이리라

세기의 절반을 지나 오늘
주름의 수를 더해가며 휘돌아와
귓가에 맴도는 소리의 간절함이
닫힌 빗장을 열어
오래 묵은 어둠을 걷어낼까

-「종소리」 전문

그리움은 기본적으로 기억을 동반한다. "아쉽게도 지금은 들리지 않는", "새벽 종소리"의 그리움은 "숨 가쁘게 살아온 삶"에 대한 기억을 소환한다. "숨 가쁘게 살아온 삶"은 곧 "물욕"의 과정에 다름 아니고, "끊어질 듯이 가늘게 들려오던/ 새벽 종소리"는 천상의 세계를 상징하는 맑고 순수한 정신으로서 '마음 비움'의 다른 이름이다. 그러나 서정시의 본질에 충실한 채경자 시인이 자신의 삶을 성찰하건대, 하늘과 땅 사이를 훑고 지나간 종소리처럼 "이미 다 비웠다고/ 마음을 비웠다고" 자신했건만 돌아보니 실은 그게 아니었음을 "세기의 절반을 지나 오늘"에야 깨닫는다.

그 깨달음은 「무논에 달이 잠긴 밤」에서 "밤하늘의 별을 헤던 소녀"가 "갈라진 논바닥에 물이 남기는 기다림은/ 손가락을 다 펴놓고 그 하늘에서/ 푸른 행성이 지나간 길을 찾고/ 수많은 강줄기가 내게로 다다르던" 추억과 궤를 같이한다. 왜냐하면 하늘의 세계를 상징하는 종에서 울리는 소리가 "주름의 수를 더해가며 휘돌아와/ 귓가에 맴도는 소리의 간절함"을 불러내기 때문이다. 2011년 노벨문학상을 수상한 스웨덴의 국민시인 토마스 트란스트뢰메르가 자신의 시 「기억이 나를 본다」에서 "새 소리가 귀먹게 할 지경이지만/ 너무나 가까이 있는 기억의 숨소리가 들린다"(이경수 역)고 노래한 것처럼 채경자 시인의 귓가에 맴도는 소리의 간절함 또한 깊은 시색에 의한 처절함으로 읽힌다.

시간의 흔적들이 반긴다
기억을 물들이는 조각난 시간들
이름 모를 꽃이 피어있는 길에서

소용돌이치는 강물의 싱싱함에
풋풋한 웃음을 남겨놓은

도도하게 쏟아져 지형을 변화시키고
곡류로 흘러 퇴적되어 정착된
다른 성향으로 변하여
생태를 이어가는 흐름

유연하고 적당히 변화하는
세파에 떠밀려 살아온 생은
부서진 배를 수리하며
꿰매고 덧대어 항로에 띄우는 것
누구나의 삶이었을 것

-「흐름이라는 것은」 전문

앞에서도 거론했지만, 통찰력이 뛰어난 꿈 탐험가 제레미 테일러 박사에 의하면 어린 시절 경험이 떠오르는 꿈을 꾸면 우리는 이미 무의식적으로 그 기억이 뭘 의미하는지 '알고' 있다고 말한다. 시인의 「안개 속에 갇히다」라는 시에서 안개 자욱한 산모롱이 앞에서 "희미한 꿈속"을 체험한 기억을 간직하듯, 이 시에서는 꿈결 같은 시간 속에서 물의 흐름과 삶과의 연관성을 탐색하고 있다. 소용돌이치는 강물의 싱싱한 흐름에서 "기억을 물들이는 조각난 시간들"의 흔적을 발견하는 통찰력은 단순한 청각적 이미지에 의존하지 않는다. 오히려 이 흐름 속에서 "세파에 떠밀려 살아온 생"을 기억해 내고 자신의 한 생이 "부서진 배를 수리하며/ 꿰매고 덧대어 항로에 띄우는" 희망을 노래하기에 이른다.

시인들은 프로이드가 말한 '두려운 낯섦'에 상당히 민감하게 작동하는 감수성을 갖고 있다. 채경자 시인 또한 시린 삶을 기억하는 이 두렵고 불안한 낯섦이라는 감정은 특히 유년의 기억에 있다. 「잊혀지는 그리움」이라는 시가 대표적인 경우이다. "간혹 뒤를 따라오는 휘파람 소리에/ 뒤돌아보니 나의 유년이었던/ 생각의 조각들이" 선명하면서도 강렬하게 푸른 별처럼 시인의 "시린 삶을 기억"하게 함으로써 "더해지는 잊혀짐"과 갈등 또는 충돌을 일으킨다. 이는 어쩌면 "만날 수 없는 화려한 이별"(「상사화」)이거나 "저물어가는 꿈속에서/ 빗금을 그으며 적시던 밤/ 꿈의 뒤란에 내리는 비"(「비처럼 울던 밤」)와도 같을 것이라는 자신의 삶에 대한 깊은 자의식일 터이다.

정거장의 새벽은
발길음마저도 조심스럽다
뽀드득뽀드득 눈 밟는 소리
행여나 누군가 잠에서 깰까
내딛는 발걸음은 눈치를 살핀다
거기 그대로 서 있을 것만 같은데

신작로 모퉁이를 돌아서 가는
약속한 완행버스

기억하는구나 그 소녀를
지금은
흰 눈이 성글게 내린 머릿결을
자꾸만 쓸어 올린다

이젠 인생의 뒤안길을
서성이는 나이가 되어
까맣게 잊었던 너를 그리는 것은
무심코 뒤적이던
색바랜 사진첩 속에서 찾은
기억 때문이라고 핑계를 댄다

많은 눈물을 흘렸던 이유를
이제야 알게 되는 주름살의 깊이
삶은 거저 준 것이 아니었어

눈 내린 아침 그곳
동구 밖 은사시나무 아래를 가 볼까
가슴 속에 쌓이는 가벼운 몸짓은
삶의 연륜이었던 것을

-「겨울날 새벽 정거장」 전문

시인은 "이젠 인생의 뒤안길을/ 서성이는 나이가 되어" 조심스러운 발걸음으로 겨울날 새벽 정거장을 걸으며 자신을 되돌아본다. "까맣게 잊었던 너", 곧 "그 소녀"를 떠올리며 그리워하는 자의식은 "지금 그 소녀의 머리에 얹힌/

눈 같은 흰 머리카락 몇 올은/ 이순耳順 지나 익어가는 생의 깊은 뜻”(「첫눈이 온다네요」)으로 환치시킴으로써 “많은 눈물을 흘렸던 이유를/ 이제야 알게 되는 주름살의 깊이/ 삶은 거저 준 것이 아니었”음을 깨닫기에 이른다. 그것은 마치 섬에 사는 사람이 “물에 젖은 해초 그리고 육신은/ 오롯이 삶의 무게인 것/ 살아온 세월만큼 짊어지고”(「섬에 사는 사람」) 사는 것과 하등 다르지 않다. 그러다 보니 “현관문을 열다/ 손에 없는 것을 찾는”(「자꾸만 잊는다」) 나이가 되고 “먼발치에서 다가오는/ 붉은 기운이 목구멍으로/ 넘어오는”(「파도」) 나이가 되었다. 그래서 겨울날 새벽 정거장이 “조심스럽”고 “신작로 모퉁이를 돌아서 가는/ 완행버스”도 약속할 수밖에 없는 것은 TV에서 방영된 가파른 산길을 오르는 젊은 스님과 자식 잃은 노모의 고행길을 보고 “가슴 깊은 곳에서 비우고 비워내도/ 알 수 없는 세상일들/ 시간과 공간을 오고 가는 길을”(「수행의 길」) 읽어내는 나이가 되었음을 스스로 인정하기 때문이리라. 그러나 이러한 나이에도 시인은 다음의 시에서처럼 지나온 삶의 마음 속 옹이를 희망으로 바꾸는 정신을 보여준다.

새벽안개 속에 깔리던
헝클어진 모습의
절망이었을 나를
희망으로 다림질했던 시간

가슴속에 깊어지며
고랑의 수를 늘리는 주름을
다시 벼리던 날들은
계절을 놓친 꽃망울을 피운다

흘러가며 쌓이는
세월의 일부일 뿐
오래 가지 않을 것을
마음속 옹이를 다듬어 내는

붉은 해를 흠모하던
마법 같은 시간들
아직은 미명이라고
이른 새벽이 꿈틀거린다

-「다시 찾은 새벽」 전문

서정시에서 자아 성찰의 방법은 다양하다. 특히 절망을 희망으로 바꾼 자신에 대한 삶의 여정을 시속에 표현하는 건 생각처럼 그리 녹녹하지 않다는 점을 고려한다면, 채경자 시인은 "새벽안개 속에 깔리던/ 헝클어진 모습의/ 절망이었을 나를/ 희망으로 다림질했던 시간"을 밝힐 만큼 솔직하고 담대하다. 「마음의 곡선」이란 시에서 "진솔함이라 말하고 싶은/ 붉은 눈물을 흘려야 했던 날들"이나 "울부짖던 삶의 조각은/ 저만큼에서 뒤돌아보는/ 침몰해버린 난파선 같은 것/ 지워버리고픈 나선형인 삶"을 고백하는 것은 어찌 보면 옹이진 삶을 '비워내기'일 터. 나아가 "마음을 비우는 것은/ 삶의 무게를 덜어내는 것"(「에덴밸리에서 바라보는 하늘」)이라든가 한 생애에서 "흘러가며 쌓이는 세월"을 비워낸다는 건 어찌 보면 "마음속 옹이를 다듬어"내는 일에 다름 아니라는 시인의 가슴 저린 사유의 깊이가 놀랍다. 특히 시인이 조용히 드러내 보이는 "가슴속 옹이"를 곧 "한 흔적, 아름다움이 된 아픔"(「옹이」)으로 자신의 상처에 대한 존재의 의미를 살피고 있음은 물론 "절망이었을 나를 희망으로" 현실을 극복하는 힘까지 보여주는 시정신 또한 참으로 채경자 시인다움을 보여주기에 충분하다.

이러한 존재의 의미를 성찰하고 사유하는 시인은 "연일 보도되는 정계의 비리와/ 국제사회의 회오리 산물들/ 선량한 민중이 분노하는 마음이 끓어"(「위기의 온도」)오르고 "세상사 어긋나 흐름이 막히는 시점에/ 사람의 맘도 뒤집히는"(「강물이 뒤집혔다고」) 시대적 현실을 인식하면서도 흙탕물 지나고 나면 맑은 물에 버들치 붕어 떼 유유히 살아 숨 쉴 것이라는 희망을 잃지 않는다. 소설가 한 강이 자신의 작품 『소년이 온다』에서 "어떤 기억은 아물지 않습니다. 시간이 흘러 기억이 흐릿해지는 게 아니라, 오히려 그 기억만 남기고 다른 모든 것이 서서히 마모됩니다."라고 서술하고 있듯 한 흔적으로서의 마음속 옹이를 다듬는 일에 자신을 바칠 수 있기에, 갓난아기의 배냇짓 같은 어린 호흡을 하는 새싹보리에서 새파란 청춘을 담은 뜨거움과 서릿발을 밀어 올리던 첫봄을 읽어내며 "아직은 미명인데 잠에서 깨어나/ 볼 수 있어 기쁨이고/ 설렘의 희망인 처음/ 잎새에 맺힌 이슬이 신비로워/ 눈을 뗄 수 없는"(「새싹보리」) 생명의 찬가를 부를 수 있고 동시에 "둑 아래 물소리 부드러운 흐름은/ 수북한 꽃 웃음소리 실어 나르는/ 봄날에 두근거리는 가슴"(「벚꽃길에서」)으로 트이어, 릴케의 키워드 중 하나인 '열린 것'에 맞닿을 수 있는 것이다.

"무순 씨앗을 심었어요."
작은 소쿠리에 흙을 담아
무순 씨앗을 심던 날
어머니께 전화를 드린다

"사흘 뒤면 예쁜 새싹을 보겠구나.
무씨는 싹이 빨리 나온단다."
전파를 타고 오는 어머니의 음성
새싹을 틔울 바램을 듣는다

희망의 기운을 주신다
흙을 밀어 올리고
싹을 틔우는 강인함에서
맞이한 기쁨은 삶의 힘이라는

삶의 막다른 길에서 보이지 않아
주저앉고 싶었던 때에도
넘을 수 있다고 할 수 있다고

"꼭 해야만 한다." 하셨다

한평생 살아온 길에 지금도
작은 생명에서 큰 바램으로
삶의 기운을 불어넣는다

-「할 수 있다는 말이」 전문

그렇다면 지금까지 우리가 살펴본 채경자 시인의 사유의 깊이와 성찰의 힘은 어디서 비롯된 것일까. 그것은 아무래도 어머니로부터 체득된 것으로 보인다. 물론 고향 마을 어귀의 은사시나무의 솜털 입은 나뭇잎이 "아버지의 숨결로 자라"(「향수鄕愁」) 어린 꿈을 키워주게 하신 아버지의 영향도 있겠지만, 시인에게 어머니의 존재는 우선 "희망의 기운"을 주시고 "삶의 막다른 길에서 보이지 않아/ 주저앉고 싶었던 때에도/ 넘을 수 있다고 할 수 있다고" 격려와 용기를 아끼지 않은 분이시다. 농사짓는 어머니는 한여름 혹독한 가뭄에도 "애태우며 퍼 나른 물방울에/ 흠뻑 젖은 바램은 그렇게/ 가을 들판을 누렇게 물들"(「어머니의 땀방울」)이게 한 성실한 분이고, 멍석 위의 마른 고추가 소낙비에 흠뻑 젖는 줄도 모르고 무지개 꿈만 꾸던 "철부지였던 딸을 기다리시"(「소나기」)는 어머니는 오늘날 시를 쓸 수 있는 원동력이 되어주신 분이다. 그러기에 채경자 시인에게 어머니는 "한평생 살아온 길에 지금도/ 작은 생명에서 큰 바램으로/ 삶의 기운을 불어넣"어줌으로써 오늘 시인으로

서의 존재의 의의와 가치를 깨닫게 해주신 분이기도 하다. -시는 창조하는 혼 안에 절대적인 순수의 빛을 가지지 않으면 안 된다. 말라르메의 말이다. 채경자 시인의 시는 어쩜 어머니의 '절대적인 순수의 빛'의 영향을 고스란히 받았기에 가능한 것으로 보인다.

채경자 시집

다시 찾은 새벽

초판1쇄 발행 2022년 6월 15일

지은이 채경자
펴낸이 이길안
펴낸곳 세종출판사

주소 부산광역시 중구 흑교로 71번길 12 (보수동2가)
전화 051－463－5898, 253－2213~5
팩스 051－248－4880
전자우편 sjpl5898@daum.net
출판등록 제02-01-96

ISBN 979-11-5979-515-2 03810

정가 10,000원